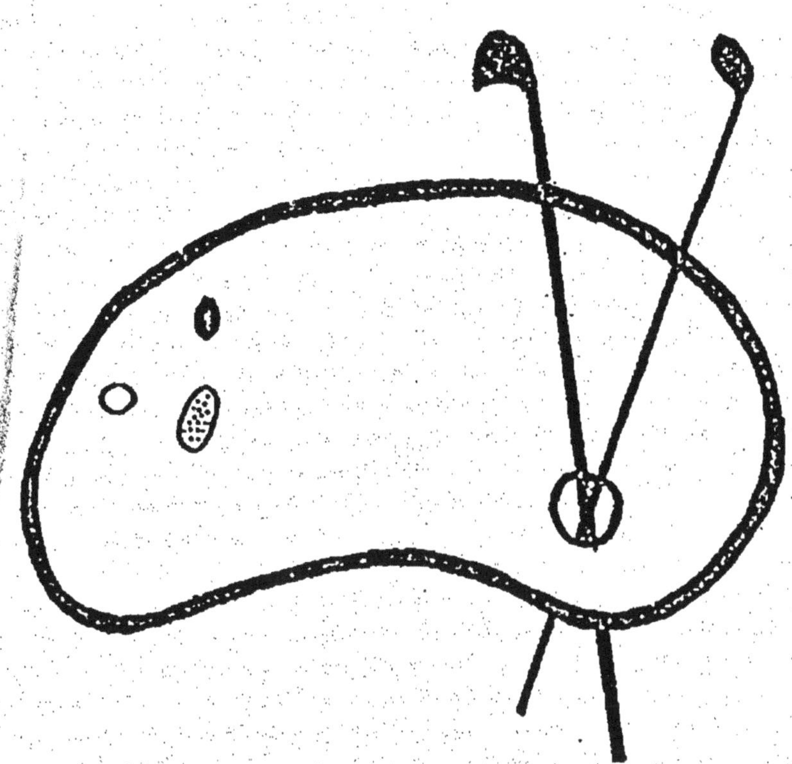

COUVERTURE SUPERIEURE ET INFERIEURE
EN COULEUR

BIBLIOTHÈQUE MORALE

DE

LA JEUNESSE

—

5ᵉ SÉRIE IN-12.

CHARLES MICHEL DE L'ÉPÉE,
Né à Versailles en 1712, mort à Paris en 1789.

ÉDUCATION

DES

SOURDS-MUETS

PAR

A. BITARD

Avec gravures dans le texte

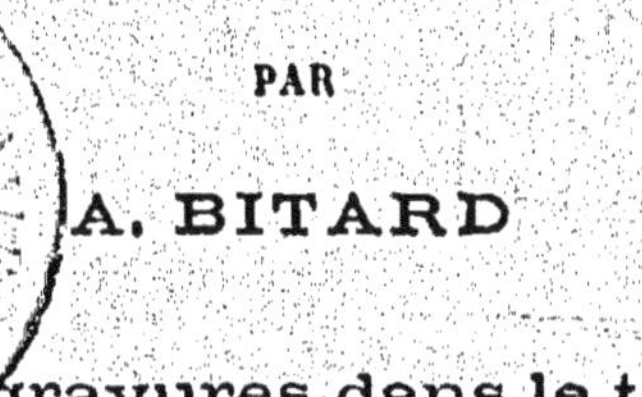

ROUEN

MÉGARD ET C⁰, LIBRAIRES-ÉDITEURS

1881

ÉDUCATION

DES SOURDS-MUETS.

Paganisme et christianisme, religion et philosophie, ont été ligués pendant longtemps contre cet être si digne de commisération : le sourd-muet. La loi même se déclara contre lui, car les lois romaines le dépossédaient *ipso facto* de la plus grande partie de ses droits civils. Pour tous ceux qui jouissaient de l'inappréciable bonheur d'entendre et de parler, c'était, suivant le degré d'intelligence de son triste juge, un être incomplet, frappé de paralysie intellectuelle, un maudit, un possédé du diable ou quelque autre monstre de ce genre.

Malgré cela, il faut croire que, plus tôt qu'on ne le pense, des tentatives individuelles ont été faites pour rendre au pauvre déshérité une partie des joies de cette terre que son état misérable et la prévention du monde lui interdisaient à tout jamais. La première mention connue d'une tentative de ce genre remonte seulement au xv⁰ siècle, et se trouve dans le traité *De*

Inventione dialectica, de Rodolphe Agricola.

« J'ai vu, dit-il, un individu sourd dès le berceau et par conséquent muet, qui avait appris à comprendre tout ce qui était écrit par d'autres personnes et qui lui-même exprimait par écrit toutes ses pensées comme s'il eût eu l'usage de la parole. »

« Le sourd-muet, disait au siècle suivant le médecin philosophe italien Jérôme Cardan, doit apprendre à lire et à écrire ; car il le peut aussi bien que l'aveugle. L'entreprise est difficile, sans doute, mais elle est possible pour le sourd-muet. On peut exprimer un grand nombre d'idées par des signes…. L'écriture s'associe à la parole, et par la parole à la pensée ; mais elle peut aussi retracer directement la pensée sans l'intermédiaire de la parole, témoin les écritures hiéroglyphiques, dont le caractère est entièrement idéographique. Les sourds-muets connaissent et honorent Dieu. Puisqu'ils ont une âme intelligente, rien n'empêche qu'ils ne cultivent les arts, qu'ils n'exécutent même les ouvrages les plus achevés. »

Si l'exactitude de l'assertion du philosophe allemand n'est pas contestable, il n'est pas moins certain que l'idée émise par le médecin italien ne provoqua pas la moindre

tentative dans cette voie humani-
taire de l'éducation du sourd-muet.

Il n'en fut heureusement pas ainsi
en Espagne, où Pédro de Ponce,
bénédictin, qui vivait à peu près
vers le même temps que Cardan,
professa avec succès l'enseignement des sourds-muets.

« Pédro de Ponce, dit Ambroise
Moralès dans ses *Antiquités d'Espagne*, apprit aux sourds-muets à
parler avec une grande perfection.
Il est l'inventeur de cet art. Il a
déjà instruit de cette manière deux
frères et une sœur du connétable
(don Velasco), et s'occupe actuellement de l'instruction du fils du
gouverneur d'Aragon, sourd-muet

de naissance comme les précédents.

Ce qu'il y a de plus surprenant dans son art, c'est que ses élèves, tout en restant sourds-muets, *parlent*, écrivent et raisonnent très-bien...»

Pierre de Ponce ne laissa aucun écrit sur sa méthode d'enseignement, de sorte qu'on est fondé à croire que Jean-Paul Bonet, son compatriote, secrétaire du connétable de Castille, dont il instruisit le frère sourd depuis l'âge de quatre ans, et qui professait une cinquantaine d'années plus tard, dut s'en créer une de toutes pièces. C'est à lui d'ailleurs qu'on doit le premier ouvrage connu sur un tel sujet : *Reduccion de las letras y cate para ensenar a hablar a los mudos* (1620). J.-P. Bonet se servait, probablement comme Pédro de Ponce, de l'alphabet labial et de la prononciation artificielle, et en outre de l'alphabet manuel ou *dactylologie*.

Le poëte lyrique anglais Waller (1605-1687) dit avoir connu un frère et une sœur qui, devenus sourds dès l'enfance, comprenaient tout ce qu'on leur disait rien qu'au mouvement des lèvres et y répondaient exactement; mais ils avaient parlé avant d'avoir été frappés de surdité, et l'on a beaucoup d'autres exemples d'un tel phénomène.

Gaspard Schott, jésuite bavarois, rapporte d'autre part, dans sa

Physica curiosa (1662), avoir connu plusieurs sourds-muets (et entendu parler de beaucoup d'autres) qui avaient appris à parler par ce moyen de la prononciation artificielle, en voyant agir les lèvres des personnes parlantes. Il cite notamment un autre jésuite qui pouvait soutenir ainsi une conversation sur toute sorte de sujets.

Vers le même temps, ou quelques années plus tard, François van Helmont et Jean-Conrad Amman s'occupaient de leur côté, avec succès, le premier en Hollande, le second en Suisse, de faire parler des sourds - muets. On pourrait encore citer un certain nombre de physiologistes et de professeurs italiens et allemands qui pratiquèrent également cet art difficile.

Quant à la France, elle paraît avoir été la dernière à s'en occuper.

Sans pouvoir affirmer qu'aucune tentative n'ait eu lieu dans ce sens avant cette époque, nous sommes forcé de reconnaître que c'est un Portugais, Jacob-Rodrigues Pereira, aïeul des célèbres banquiers Emile et Isaac Pereire, qui, par son exemple, provoqua chez nous un mouvement rapidement fécond en faveur de l'instruction des sourds-muets. Pereira présenta à deux reprises, à l'Académie des sciences,

des élèves formés par sa méthode :
le 11 juin 1749 et le 13 janvier 1751.
Déjà en 1745, à la Rochelle, un de
ses premiers élèves, âgé de treize
ans, auquel il avait appris à pro-
noncer un assez grand nombre de
phrases usuelles, avait attiré l'at-
tention sur lui.

Les résultats obtenus par Pereira
étaient extrêmement satisfaisants.
Il ne paraît pas toutefois, quoi qu'on
en ait dit, que l'abbé de l'Epée con-
nût bien ces résultats et se fût
même occupé de l'instruction des
sourds-muets à aucun degré, avant
ses rapports avec le P. Vanise, reli-
gieux doctrinaire, dont la méthode
trop insuffisante prouvait assez qu'il

l'avait tirée de son propre fonds.

Ce fut après la mort du P. Vanise que l'abbé de l'Epée résolut de se consacrer à l'éducation de ces pauvres déshérités. On ne connaît pas exactement la date des premiers travaux du célèbre philanthrope; un document, récemment découvert aux Archives nationales, fixe au 19 septembre 1759 la date de la mort du P. Vanise; de son côté, l'abbé de l'Epée déclare lui-même que cette mort avait eu lieu depuis un temps « assez long » lorsqu'il se trouva en état de commencer son œuvre : c'est absolument tout ce que l'on sait sur ce sujet. Mais ceci est de peu d'intérêt.

Jugeant que c'était commettre une erreur que de vouloir faire traduire directement la parole à un malheureux être qui ne pouvait l'entendre, il s'appliqua à lui faire traduire l'écriture par la mimique, à perfectionner, à développer le plus possible cette sorte de langage et à l'appliquer à l'instruction des sourds - muets. On connaît l'alphabet des signes manuels qu'il imagina, et à l'aide duquel toutes les connaissances humaines ont été mises à la portée des sourds-muets, naguère encore traités comme des idiots-nés, incapables de culture intellectuelle.

Ajoutons que si l'on peut en de

certains points contester l'invention
de ce système à l'abbé de l'Epée,

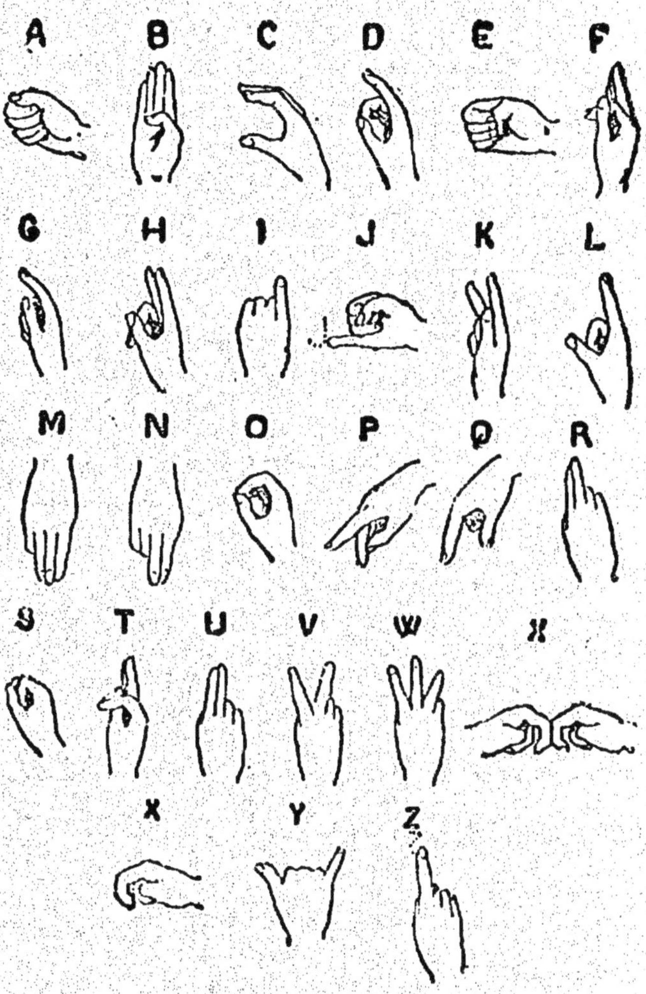

Alphabet manuel de l'abbé de l'Epée.

ce qu'on ne saurait lui contester, c'est le dévouement qu'il a mis au service de son œuvre et à la fondation de l'institution des sourds-muets, devenue institution nationale en 1791 seulement, c'est-à-dire deux ans après la mort du véritable fondateur.

La méthode de l'abbé de l'Epée fut continuée par l'abbé Sicard, son élève, qui lui succéda à la tête de l'institution, et professée dans toute l'Europe. On finit par l'abandonner complétement pourtant. L'un des directeurs de l'institution, Désiré Ordinaire, mort en 1847, interdit l'usage du langage mimique et y substitua la parole articulée. Les résultats furent mauvais, et l'on recourut en fin de compte à une méthode mixte qui est encore en vigueur aujourd'hui.

Il convient de ne pas oublier, lorsqu'on parle de l'éducation des sourds-muets, le nom de M. Alexandre Graham Bell, l'inventeur aujourd'hui célèbre du téléphone. Avant de s'occuper d'inventions acoustiques, M. Bell avait inventé une nouvelle méthode pour faire parler les sourds-muets. Nous ignorons en quoi cette méthode est nouvelle; mais évidemment elle est bonne, puisque le professeur a épousé une de ses élèves sur laquelle il a expérimenté son efficacité et qui parle parfaitement aujourd'hui.

Professeur dans une institution des sourds-muets d'Edimbourg, avec son père, M. A. Graham Bell se rendit aux Etats-Unis en 1871, et y occupa d'abord une position identique. Nous avons raconté ailleurs comment il avait été amené à l'invention du téléphone, après avoir été conduit par son commerce habituel avec des sourds à s'occuper d'études acoustiques.

Il y a actuellement en France 53 établissements de sourds-muets, dont 4 appartenant à l'Etat. En Europe, le nombre de ces établissements protégés par l'Etat n'est pas considérable : il y en a 2 en Allemagne, 1 en Belgique, 1 en

Suisse et 1 en Italie seulement, bien entendu sans compter les établissements particuliers, qui sont très-nombreux.

Quant aux aptitudes diverses que les méthodes d'instruction, quelles qu'elles soient, ont développées chez les élèves sourds-muets, nous devons le reconnaître, elles ne diffèrent en rien de celles ordinairement constatées chez les entendants-parlants : nulle trace de possession diabolique, nulle trace d'idiotie ; au contraire, nous serions porté à croire qu'il y a moins d'idiots sourds-muets qu'entendants-parlants. Dès 1842, à une époque où l'éducation leur était encore assez peu étendue et l'instruction systématiquement mesurée, un sourd-muet, M. Laurent, de Blois, était admis au baccalauréat ès lettres ; et l'année suivante, un autre, M. Paul de Vigan, élève de l'institution de Caen, obtenait le diplôme de bachelier ès sciences.

Il y a eu de nombreux exemples de succès de ce genre depuis cette époque ; mais nous nous bornons à constater ceux-là qui sont les premiers dont on ait la constatation officielle. En dehors de ces faits, il ne faut pas oublier que les sourds-muets tiennent maintenant leur place, aisée ou pénible, dans toutes les professions ; j'en ai connu inti-

mement, il y a une vingtaine d'an
nées, un excellent géographe attaché
au Dépôt de la Guerre, et un autre
très-bon ouvrier tourneur en ébé-
nisterie : ni l'un ni l'autre ne par-
laient, mais ils remplissaient leur
tâche avec habileté et, par des cris
inarticulés, des gestes, quand le
moyen de l'écriture leur paraissait
trop lent, ils savaient exprimer leurs
sentiments, les passions violentes
qui les agitaient, de manière à faire
naître la pensée que chez eux la
parole eût été une superfétation.
Et c'est une chose étonnante que
la promptitude avec laquelle ils
savaient, l'un et l'autre, reconnaître
un imbécile d'un homme intelligent.

2

Parmi les modifications propo-
sées au système d'éducation de
l'abbé de l'Epée, et qui sont aussi
nombreuses que variées, nous signa-
lerons l'alphabet dactylologique
syllabique présenté en 1829 par le
docteur Deleau, et qui n'a pas été
accueilli.

« Mon instrument, dit-il, est la
main nue ou mieux revêtue d'un
gant dont les doigts sont divisés
par des traits qui correspondent
aux articulations des phalanges des
quatre derniers doigts. Le pouce
est chargé d'indiquer les lettres; il
sert de touche, et chacun de ses
mouvements forme une syllabe,
composée de 2, 3, et quelquefois de

4 signes alphabétiques. Souvent même le mouvement représente un mot.

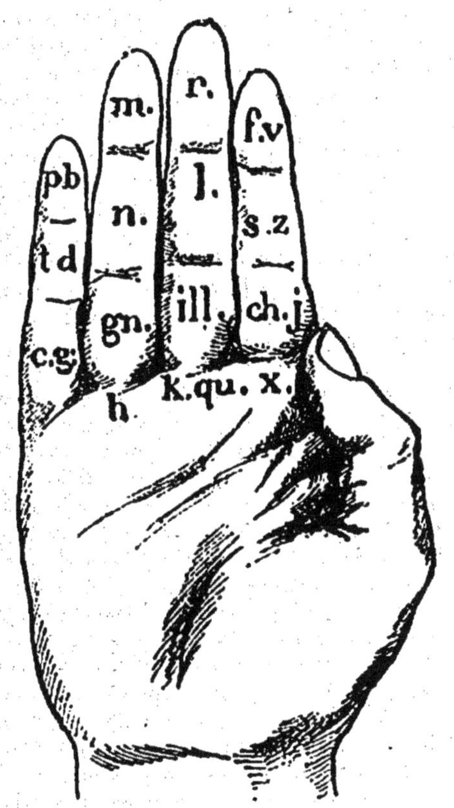

Dactylologie du docteur Deleau (fig. 1).

« L'alphabet peint sur les phalanges est la représentation exacte des éléments de la parole : chaque signe est l'image d'un son. Les voyelles occupent le bord radial des doigts, les consonnes sont sur leur face antérieure. On voit sur l'index les sons sifflants (fig. 1) :

$$f - v ; s - z ; ch - j ;$$

« Sur le médius sont placées les linguales :

$$r, l, ill ;$$

« Sur l'annulaire :

$$m, n, gn ;$$

« Et enfin sur l'auriculaire les explosifs :

$$p - b ; t - d ; c - g ;$$

« Les voyelles a, $é$, e, et leurs dérivés : an, $è - ai$, eu, occupent

le bord radial de l'index (fig. 2);
i — in; o — au; on — ou, sont sur

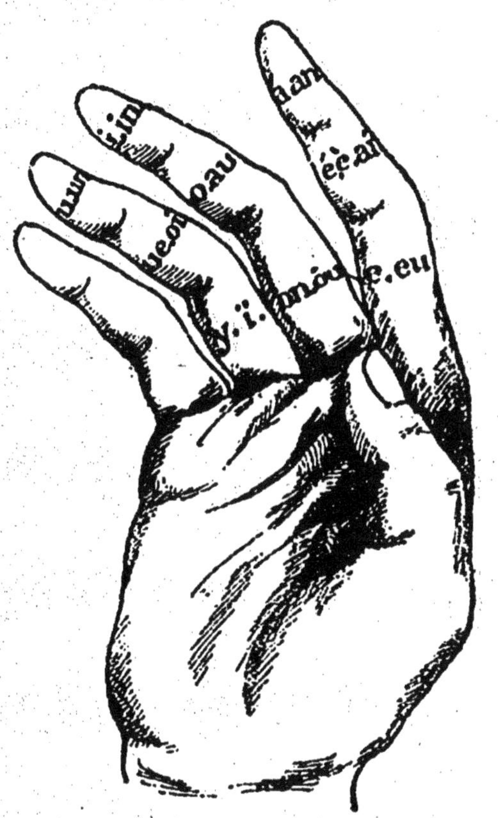

Dactylologie du docteur Deleau (fig. 2).

le doigt suivant : *u — un; ue — oi;*
y — i, sont rangées sur l'annulaire,

et toujours sur le bord radial... On a ajouté au-dessus des articulations métacarpophalangiennes, en procédant de l'index vers le petit doigt, les sons : *x, qu, k, h.* »

Les sons s'indiquaient en touchant les points correspondants des phalanges avec le pouce. Lorsque deux sons se trouvent à la fois représentés sur la face palmaire ou sur le bord radial d'une même phalange, le premier devait se marquer avec l'ongle et le second avec la pulpe du pouce.

Voulant rendre plus rapide encore l'emploi de son alphabet syllabique, le docteur Deleau avait même transporté sur trois lignes de la face palmaire de la main, près de son bord cubital, les sons explosifs (fig. 3) :

c. g.
t. d.
p. b.

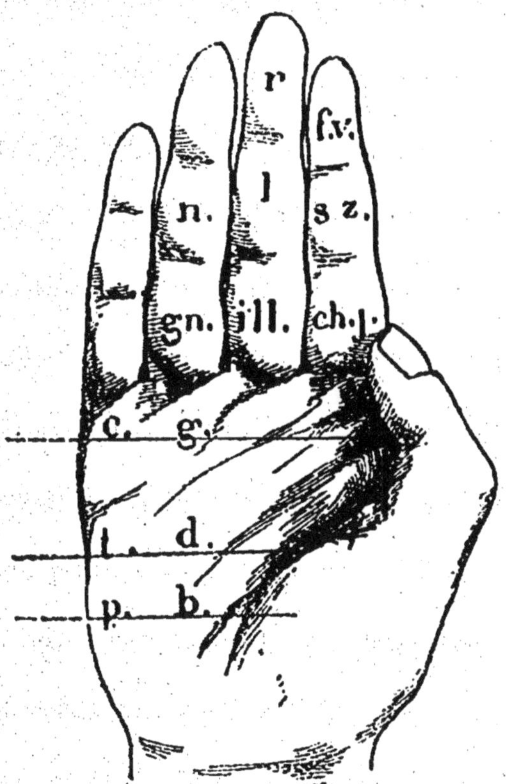

Dactylologie du docteur Deleau (fig. 3).

lesquels pouvaient être indiqués par le petit doigt replié pendant que le pouce indiquait un autre son, de sorte que, d'un seul geste, l'élève pouvait présenter un mot entier.

Considéré comme trop compliqué, même pour des professeurs, le système du docteur Deleau fut, comme nous venons de le dire, repoussé, en même temps qu'une quantité d'autres qui, valant beaucoup moins, ne sauraient nous arrêter.

M. le docteur Deleau a publié un *Exposé d'une dactylologie alphabétique et syllabique pour commencer l'instruction des sourds-muets* (Cambrai, 1830), où toute sa théorie est minutieusement expliquée, et entre autres ouvrages, un *Traité pratique sur les maladies de l'oreille et sur le développement de l'ouïe et de la parole chez les sourds-muets* (Paris, 1838), encore maintenant très-intéressant à consulter.

ÉDUCATION

DES AVEUGLES.

On a pu, à une époque d'igno-
rance et de superstition, considérer
les sourds-muets comme des idiots
ou des possédés : on est toujours
très-disposé à prêter ses qualités
aux autres quand ils n'y peuvent
contredire; mais les aveugles y
pouvaient contredire, et il fut im-
possible, en tout temps, de pro-

noncer contre eux un arrêt d'exclu-
sion aussi péremptoire. D'ailleurs,
à toutes les époques de l'histoire,
on rencontre des aveugles illustres :
les noms de quelques-uns sont tel-
lement connus, que ce serait pué-
rilité pure que de vouloir les rappeler, et il n'y aurait pas un grand
intérêt à rappeler les autres.

On dit que certains fous de l'antiquité, d'autres disent des philosophes, se privèrent de la vue pour
pouvoir méditer plus à leur aise.
Pour ce qui est des philosophes,
cela est douteux. Que Cicéron pré-
tende que Démocrite commit cette
abominable sottise, peu nous im-
porte : Cicéron n'était en somme

qu'un bavard éloquent, et Plutarque nie absolument que le philosophe d'Abdère ait jamais été aveugle. Le fait est que l'opération douloureuse qu'Origène se fit subir à lui-même peut se comprendre à la rigueur : les exigences de ce sixième sens dont parle Brillat-Savarin sont souvent fort pénibles à l'homme d'étude, mais la vue !...

On comprend que l'aveugle, étant accessible à l'instruction orale, n'ait jamais été, à beaucoup près, aussi déshérité que le sourd-muet. Mais pour qu'il reçût les bienfaits de l'instruction, il fallait qu'en outre de ces dispositions particulières, il appartînt à une famille qui ne le négligeât point. Tel fut l'heureux destin d'un des plus illustres savants aveugles dont l'histoire ait conservé le nom : le physicien anglais Saunderson.

Nicholas Saunderson, né à Thurlston (Yorkshire) en 1682, et mort professeur de physique à l'Université de Cambridge en 1739, était aveugle non de naissance, mais depuis l'âge d'*un* an, par suite de variole, de sorte qu'il ne lui était resté aucune notion de la vue. Il fit pourtant des études brillantes et se voua particulièrement à l'étude de la physique et des mathématiques. Chose plus étrange encore, il montrait pour l'optique une prédilection toute spéciale ; et ce n'était pas une mince attraction que ce spectacle curieux d'un aveugle traitant avec une autorité incontestable des phénomènes de la lumière, exposant la théorie de la vision!

L'énergie d'une vocation décidée, c'est-à-dire naturelle, vient à bout de tous les obstacles, en vérité! Dans le même temps où cet aveugle parlait des couleurs à un auditoire charmé, en Angleterre, il y avait en France un sourd-muet de naissance, en partie mais jamais complètement guéri, entendant difficilement, parlant mal et faux, qui professait glorieusement la partie de la physique à laquelle il semblait devoir rester toujours étranger : l'acoustique, et, quoique forcé de recourir à des musiciens, puisqu'il ne savait pas une note de musique, créer de toutes pièces une théorie scientifique de la musique. Ce savant, c'est Joseph Sauveur, regardé à juste titre comme le créateur de la science de l'acoustique.

Pour en revenir à Saunderson, la chaire de physique de Cambridge étant devenue vacante en 1711, il y fut élu, désigné qu'il était au choix des administrateurs par la célébrité que lui avaient acquise ses leçons publiques. Il conserva cette chaire jusqu'à sa mort.

« Saunderson, dit le docteur H. Napias, avait imaginé une arithmétique palpable au moyen d'une planchette percée de trous dans lesquels il piquait des épingles de diverses grosseurs qui prenaient, selon leur place et leur arrangement, des valeurs différentes. Cette planchette a été décrite par son disciple William Inchlif; il s'en trouve aussi une description dans la lettre de Diderot. Elle lui servait aussi à résoudre des problèmes de géométrie, soit qu'il fît ses figures en alignant ses épingles, soit qu'il marquât seulement avec ses épingles le sommet des angles figurés par des fils. Les figures que nous en donnons font aisément comprendre ces deux procédés; elles sont tirées de la *Lettre sur les aveugles* (de Diderot).

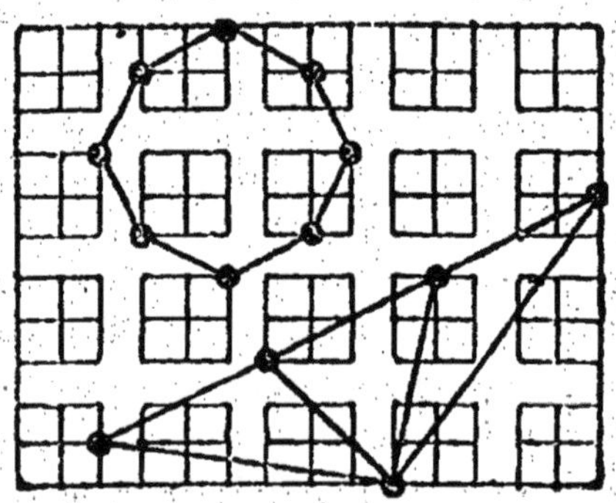

Planchette de Saunderson.

« Après Saunderson, citons Weissenbourg, de Manneheim, qui devint aveugle à l'âge de sept ans. Il écrivait et lisait au moyen de caractères de convention qu'il avait imaginés lui-même ; il se servait pour calculer d'une planchette qui différait peu de celle de Saunderson. Ses connaissances en géogra-

phie étaient assez étendues, et il
avait imaginé pour cette étude des

Autre planchette de Saunderson. (Les épingles tracent une
figure de géométrie destinée à prouver que les parallélo-
grammes de même base et de même hauteur sont égaux
en surfaces.)

cartes spéciales où les limites des Etats étaient indiquées par des chenilles de soie, les villes par des perles plus ou moins grosses suivant leur importance, les mers et les lacs par un vernis très-poli, les continents et les îles par du grès pilé.

« Ce fut Weissenbourg qui instruisit Mlle Paradis, de Vienne, en Autriche, laquelle vint à Paris en 1783 et excita, comme pianiste, autant d'admiration que de curiosité. Cette demoiselle avait inventé pour son usage une notation musicale particulière; elle se servait d'épingles qu'elle piquait sur de larges pelotes format in-quarto : la disposition de ces épingles, la grosseur de leur tête, étaient autant d'indications qu'elle n'oubliait pas ; et quand elle avait écrit par ce procédé, sur ses larges pelotes, une sonate ou un morceau quelconque qu'on lui dictait, elle l'apprenait par cœur avec ses doigts et le jouait ensuite très-facilement.

« L'aveugle du Puiseaux, dont Diderot a longuement parlé, n'avait pas été pour les gens de son temps un moindre objet de curiosité que cette demoiselle Paradis. Il avait fait faire des caractères en relief dont il se servait pour faire lire son fils, et il avait en toutes choses, paraît-il, une sagacité surprenante. « L'aveugle du Puiseaux,

« dit Diderot, estime la proximité
« du feu au degré de la chaleur ;
« la plénitude des vaisseaux au
« bruit que font en tombant les
« liqueurs qu'il transvase (1), et
« le voisinage des corps à l'action
« de l'air sur son visage. Il est si
« sensible aux moindres vicissitudes
« qui arrivent dans l'atmosphère,
« qu'il peut distinguer une rue d'un
« cul-de-sac. Il apprécie à mer-
« veille les poids des corps et les
« capacités des vaisseaux ; et il s'est
« fait de ses bras des balances si
« justes, et de ses doigts des com-
« pas si expérimentés, que dans les
« occasions où cette espèce de sta-

____

(1) L'aveugle du Puiseaux était distillateur de son métier.

« tique a lieu, je gagerais toujours
« pour notre aveugle contre vingt
« personnes qui voient. »

Ces exemples si éloquents des brillantes facultés possédées par certains aveugles, prouvent en outre que, dans peu de sujets seulement, les facultés recevaient quelquefois la culture convenable. Quant aux pauvres diables, ils s'en tiraient comme ils pouvaient, aidés par un chien fidèle et armés d'une clarinette ou d'un accordéon. La charité publique prenait soin tant bien que mal de leur assurer le pain quotidien, mais le reste n'était point de son ressort, et nul ne paraissait croire qu'il fût utile à aucun degré

d'instruire un aveugle, quand Valentin Haüy, jugeant différemment,

Valentin Haüy.

fonda une méthode d'instruction
pour les aveugles qui ne tarda pas à

être féconde en excellents résultats.

Valentin Haüy, né à Saint-Just-les-Marais (Oise) en 1745, était employé au ministère des affaires étrangères.

« Tout le monde sait, dit l'écrivain auquel nous avons déjà emprunté, comment il fut amené à s'occuper de l'éducation des aveugles ; il a lui-même raconté, et tous les biographes ont dit après lui, à quelle circonstance fortuite il dut cette pensée généreuse. C'était en 1784 ; il assistait par hasard à un concert en plein vent où une dizaine d'aveugles, le nez chaussé de lunettes, un cahier de musique devant leurs yeux obscurs, écorchaient des airs sur divers instruments à la grande joie d'un public qui riait aux éclats de la gaucherie comique des pauvres instrumentistes. Il songea que c'était là un triste spectacle, une chose honteuse pour l'humanité, que des malheureux, parce qu'ils étaient privés d'un sens, n'eussent pour vivre d'autre ressource que de se livrer à de tels actes de saltimbanques. Il entrevit quelque chose de mieux à faire pour ces pauvres gens ; il se dit que s'ils avaient en effet du goût pour la musique, on pourrait la leur apprendre.

Mais comment la leur faire lire ? Là était la difficulté. Il se rappela qu'un jour, venant de faire l'aumône à un honnête aveugle, celui-ci lui avait fait remarquer qu'au lieu d'un sou qu'il croyait sans doute lui avoir donné il lui avait mis dans la main un petit écu. C'était un trait de lumière ! Ce toucher si délicat ne pouvait-il pas remplacer la vue ? Et s'il s'agissait de lire des lettres ou des notes de musique, ne pouvait-on pas substituer à la lettre imprimée en noir, sans valeur ni signification pour l'aveugle, la lettre en relief, la lettre gaufrée formant saillie ? Peut-être se rappela-t-il (sans en avoir pour ainsi dire conscience) certains passages de la fameuse lettre de Diderot. Quoi qu'il en soit, ces idées, aussi simples qu'ingénieuses, se présentèrent d'un seul coup à la pensée de Valentin Haüy, et l'obsédèrent si bien, qu'il résolut de contrôler par la pratique ce que la théorie lui faisait apparaître comme indiscutable vérité.

« Il alla chercher sur le seuil des églises quelque aveugle mendiant dont l'intelligence fût assez vive pour qu'il pût profiter un peu vite des leçons qu'on lui donnerait, et ce fut sur les marches de Saint-Germain-des-Prés qu'il trouva François Lesueur, son premier élève, alors âgé de seize ans et aveugle depuis l'âge de dix-huit mois.

« Six mois après, Lesueur lisait, calculait, et savait un peu de musique.

« Haüy allait perfectionnant ses procédés en enseignant son élève ; grâce à quelques philanthropes, il put ouvrir, rue Coquillière, une école où une vingtaine d'enfants étaient élevés à la fois. On leur apprenait, outre la lecture, la grammaire, la géographie, la musique, et quelques métiers faciles : le tricot, le filet, la corderie, la sparterie, l'empaillage des chaises, etc. »

Haüy avait adopté pour la lecture un caractère particulier qu'il avait jugé plus commode à saisir par le toucher ; et pour en abréger la lecture courante, il avait imaginé diverses abréviations ; point de lettres redoublées, et les N et les U, après une voyelle, étaient remplacés par une barre placée dessus ou dessous la voyelle précédente, suivant la lettre qui devait suivre, de même qu'un point placé au-dessous d'une lettre indiquait que cette lettre devait être redoublée.

Les successeurs de Haüy apportèrent à sa méthode diverses modifications ; mais la plus importante, qui peut être du reste considérée comme une transformation radicale, une méthode entièrement nouvelle, c'est celle imaginée par un aveugle, Louis Braille, aujourd'hui seule adoptée à l'institution des Jeunes Aveugles et à peu près dans tous les établissements du même genre existant sur la surface du globe. La méthode de Braille consiste dans un arrangement ingénieux de points en relief formant des signes qui, suivant l'application qu'on en fait, correspondent à des lettres, à des chiffres, à des notes de musique, même à des caractères sténographiques. Quant aux signes alphabétiques, la disposition des points qui les forment est si ingénieuse, que, dès qu'on en possède la première série, on obtient très-aisément les autres par l'addition d'un point, comme on le verra ci-après :

SIGNES ALPHABÉTIQUES.

PREMIÈRE SÉRIE.

A B C D E F G H I J

DEUXIÈME SÉRIE.

K L M N O P Q R S T

TROISIÈME SÉRIE.

U V X Y Z ç é à è ù

QUATRIÈME SÉRIE.

â ê î ô û ë ï ü œ w

PONCTUATION.

, ; : . ? ! () « * »

CHIFFRES.

Comme on le remarquera, les chiffres sont représentés par des signes qui servent également à la représentation de lettres. Pour éviter la confusion, le signe   est toujours placé devant le nombre exprimé :

1 2 3 4 5 6 7 8 9 0

Enfin, pour la notation musicale, les signes de la gamme sont représentés par les sept derniers signes alphabétiques de l'une ou de l'autre des quatre séries, suivant qu'il s'agit de *croches*, de *blanches*, de *rondes* ou de *noires*. Des signes particuliers indiquent les *bémols*, les *bécarres*, les *dièzes*, etc.

3.

Des ouvrages nombreux et divers, imprimés dans ces caractères, existent aujourd'hui; malheureusement ils sont toujours fort chers, et cela se comprend. Mais on parviendra sans doute à remédier à cet inconvénient par quelque invention nouvelle. Des machines ingénieuses ont été déjà inventées par Foucault et Moon, qui permettent la correspondance écrite beaucoup plus rapide entre aveugles; et un inventeur suisse, M. Recordon, à qui on devait déjà le typhlographe, a inventé, en 1877, une presse à imprimer en relief à l'usage des aveugles.

Cette presse, d'un mécanisme

très-simple, peu coûteux, d'un mouvement facile pour les personnes privées de la vue, se compose d'un appareil rappelant assez l'ancienne presse à bras. Chaque signe de l'alphabet est moulé en relief; et comme chaque lettre est représentée par un certain nombre de points, l'inventeur a remplacé tous les caractères par une feuille de métal percée d'un grand nombre de petits trous dont la position détermine la nature de la lettre.

L'aveugle fait sa composition avec des chevilles d'acier ou de laiton qu'il pousse dans ces trous, et dont l'arrangement forme les lettres, les mots et les lignes. Les chevilles ainsi disposées présentent sur la feuille de métal un relief sensible ; l'aveugle n'a plus qu'à poser sur cette surface une feuille de papier et qu'à mettre le tout sous une presse semblable à celle qui sert à copier les lettres. Une légère pression suffit pour obtenir une page imprimée, et l'aveugle peut lui-même procéder à l'opération du tirage.

C'est sans doute un acheminement, mais ce n'est pas encore assez.

DÉCOUVERTES PHYSIOLOGIQUES.

I.

L'Inoculation et la Vaccine.

Comme moyen préventif à opposer aux ravages de la variole, cette
horrible maladie importée d'Orient
en Europe vers le viiie siècle, on
avait recours, avant la découverte
de la vaccine, et en France depuis
bien peu de temps, à l'inoculation
de la maladie même, opération qui
consistait, comme dans la vacci-

nation, à introduire sous l'épiderme le virus variolique recueilli sur la pointe d'une lancette par la piqûre d'une pustule à l'état de maturité, au lieu du virus vaccin qui lui fut alors substitué.

Cette opération, pratiquée de temps immémorial en Afrique et en Asie, n'avait été importée à Constantinople qu'en 1673. En 1717, lady Worthley Montague, femme de l'ambassadeur britannique près la Sublime Porte, frappée des avantages de l'inoculation, n'hésita pas à y soumettre son propre fils; et c'est ainsi que, de retour en Angleterre l'année suivante, et pleine de confiance dans des résultats dont elle avait pu juger elle-même, elle introduisait dans son pays cet usage, qui ne devait être autorisé en France que près de cinquante ans plus tard et après une de ces luttes les plus vives dont le corps médical ait jamais été acteur ou témoin.

Cependant, dès que la découverte de lady Montague eut été connue en France, l'inoculation y compta des partisans parmi les hommes les plus sérieux et les plus savants docteurs de la Faculté ; de là d'ailleurs la lutte, comme il ne pouvait pas se faire qu'il ne se trouvât en même temps des hommes non moins savants et tout aussi sérieux pour traiter *a priori* cette nouveauté d'importation étrangère avec le plus entier mépris.

A l'occasion de l'anniversaire séculaire de la vaccine, un écrivain médical rappelait comme il suit les phases de cette lutte beaucoup trop prolongée pour la santé des gens et l'intérêt de la beauté des visages menacés :

« Dès 1717 on avait vu, il est vrai, un médecin français, nommé Boyer, soutenir à Montpellier une thèse sur l'inoculation; Delacoste, en 1723, en parlait favorablement dans une lettre à Dodart; Voltaire, qui se faisait volontiers le champion des bonnes causes, prenait celle-là sous sa protection dès

1727. En 1732, La Condamine, rendant compte à l'Académie des sciences de son voyage dans le Levant, en faisait un juste éloge.

« Toutes ces voix restèrent sans écho. Mais, en 1754, La Condamine, excité d'un beau zèle patriotique, lut à l'Académie un premier mémoire sur l'inoculation, qui fit une grande impression sur tout le monde savant.

« Ce fut le feu aux poudres. On commença à écrire pour et contre force volumes et force brochures; on s'invectiva comme de raison, on se prit pour ainsi dire aux cheveux avant même d'avoir tenté une seule expérience, puisque ce ne fut que l'année suivante, le 14 mai 1755, qu'un jeune gentilhomme de vingt ans, le chevalier de Chastelux, se soumit, lui premier, à l'opération qui fut pratiquée par le docteur Host et suivie d'une prompte guérison.

« Un tel succès enflamma le zèle des inoculateurs et naturellement irrita les autres : loin d'éteindre la lutte, ce lui fut un aliment nouveau. Tout le monde y prit part, et non-seulement les médecins, mais les *philosophes*, comme on disait alors : La Condamine, qui écrivait mémoire sur mémoire, Voltaire, Diderot, d'Alembert, qui a écrit sur la matière tout un gros livre. La victoire était indécise, et le plus petit avantage était par chaque parti compté comme un triomphe.

« En 1756, le duc d'Orléans voulut soumettre à l'inoculation son fils unique, Louis-Philippe-Joseph (depuis Philippe-Egalité), et sa fille (depuis duchesse de Bourbon). Il fit dans ce but venir à Paris le fameux Tronchin, de Genève, l'ami de Voltaire et de Rousseau, qui avait, dès 1748, à Amsterdam, essayé l'inoculation sur son propre fils et avait doté la Hollande de cette opération, puis qui était revenu en doter encore sa patrie en 1750.

« L'inoculation des enfants du

duc d'Orléans fit naturellement un bruit considérable, proportionné à la qualité des personnages inoculés; on vit alors nombre de gens haut placés suivre un si illustre exemple, et de ceux-là furent : Turgot, le marquis de Villequier, le duc d'Estissac, le comte de Gisors, le comte de Belzunce, Mme de Walle, Mme de Boufflers, la marquise de Villeroy.

« Les inoculateurs triomphaient ! Leurs adversaires en étaient arrivés à l'odieuse calomnie et à la fausse nouvelle : leur cause était bien perdue.... quand le Parlement se mit de la partie.

« Le Parlement, à la date du 8 juin 1763, faisant droit à un réqui-

sitoire de l'avocat général Omer-
Joly de Fleury (réquisitoire dont
Voltaire a fait l'amusante parodie),
ordonna aux Facultés de médecine
et de théologie (!) de s'assembler
et de donner leur avis sur la question de l'inoculation; et, en atten-
dant cet avis, pour lequel le Parlement ne fixait aucune date, l'inoculation était proscrite et sévèrement
interdite.

« La Faculté de médecine se
montra profondément divisée sur la
question; il y eut des rapports et
des contre-rapports; si bien que,
un an après, aucune décision n'était
encore prise. On décida pourtant
en 1764 de tolérer l'inoculation,

mais cette décision si timide fut atta-
quée et cassée peu de jours après.
— Nouveaux rapports en 1766. —
Nouveaux contre-rapports en 1763.

« Le public n'attendit pas la fin
de cette interminable lutte : il prit
l'inoculation sous sa protection,
malgré l'arrêt du Parlement —
peut-être à cause de cet arrêt — et
il applaudissait au Théâtre-Italien
une assez méchante pièce de Favart,
intitulée : *la Fête du Château*, où
l'on chantait des couplets en faveur
de la méthode nouvelle.

« La mode s'en mêla, les dames
portèrent des *rubans à l'inoculation*,
les inoculateurs avaient bien décidément la victoire. »

La victoire resta donc enfin aux « inoculateurs ». Du moment où la mode s'en mêlait, il n'y avait plus de lutte possible : elle avait bien assez duré, ma foi !

Mais, nous l'avons dit, la découverte de Jenner fit renoncer à l'inoculation ; car la vaccine, préservatif de la variole aussi sûr que l'inoculation, est beaucoup moins dangereuse.

Maintenant la vaccine est-elle bien une découverte de Jenner?

Rappelons d'abord que la propriété antivariolique du virus recueilli sur le pis de la vache atteinte de la maladie appelée en Angleterre *cowpox*, et *picote* dans nos campagnes, qui est une sorte de variole particulière à l'espèce, était connue et appliquée dans l'Inde dès la plus haute antiquité, comme en témoigne le *Santheya Grantham*, ouvrage sanscrit attribué à d'Hauvantori. Sans doute, avant d'avoir fait connaissance avec cette peste, nous n'avions aucun besoin de préservatif contre elle, et nous venons de dire que le premier acte d'hostilité fructueux qu'il nous fut permis de lui opposer consiste dans l'inoculation du virus variolique même.

En 1781, Rabaut-Pommier, frère de Rabaut-Saint-Etienne, ministre de l'Eglise réformée à Montpellier et plus tard membre de la Convention, conçut l'idée d'appliquer la vaccination, c'est-à-dire l'applica-cation du *virus vaccinum*, comme moyen préservatif de la variole. Il communiqua cette idée au médecin anglais Pew, et ce serait de ce dernier que Jenner l'aurait reçue. Or, si l'observation avait amené Jenner dès 1775 ou 1776 à la même conception, le fait est qu'il n'opéra la vaccination pour la première fois, sur un enfant de huit ans nommé James Philips, que le 14 mai 1796, et que son mémoire sur sa découverte ne date que de 1798.

Maintenant, dans ces questions de priorité, il y a toujours un côté très-important, et il n'y a guère que celui-là : c'est le côté pratique. Concevoir l'idée d'un progrès, d'une amélioration quelconque, entrevoir une découverte importante, cela n'est guère plus qu'un grand et beau rêve inutile ; celui qui le réalisera, celui qui accomplira le bienfait dont un autre a indiqué avant lui, fût-ce depuis des siècles, la possibilité, celui-là, aux yeux de tout juge impartial, sera le véritable inventeur. Jenner est donc pour nous l'inventeur de la vaccine, malgré le plaisir que nous aurions à en faire honneur à un compatriote.

Edward Jenner naquit le 17 mai 1749, à Berkeley (comté de Glocester), où son père était ministre protestant. Après qu'il eut fait ses premières études à Cirencester, on le confia aux soins de Daniel Ludlow, chirurgien de mérite, chez lequel il demeura, à Sudbury, jusqu'en 1770. C'est alors que Jenner vint à Londres, et qu'il s'attacha au célèbre John Hunter, un des hommes qui, en Angleterre, ont jeté le plus vif éclat sur la science médicale. Pendant les deux ans qu'ils restèrent ensemble, le maître et l'élève se lièrent d'une étroite amitié; et quand, en 1772, ils se quittèrent, cette amitié, que l'absence fut impuissante à rompre, continua de se manifester par une correspondance assidue où la science et l'affection tenaient une égale place.

Fixé à Berkeley, Jenner y remplissait l'office de médecin-inoculateur du comté de Glocester. L'inoculation était alors pratiquée partout en Angleterre, comme nous l'avons dit, depuis que lady Montague l'y avait importée de Constantinople.

Ce serait en se livrant à des études minutieuses sur l'inoculation que, suivant une version différente de celle que nous avons donnée plus haut, Jenner aurait découvert la vaccine.

Il remarqua que les filles de ferme employées à traire les vaches se trouvaient parfois incommodées par la contagion d'une maladie éruptive qui se montre sur le pis de ces animaux et qui porte le nom de *cow-pox*; et que ces mêmes filles, après avoir été atteintes du *cow-pox*, se trouvaient désormais à l'abri de la variole, tout aussi bien que si elles avaient été inoculées. L'inoculation, dès lors, avait fait son temps.

Après la publication de son mémoire exposant les résultats obtenus dans ses diverses tentatives (1798), la vaccine, connue du monde savant, expérimentée partout, fut bien vite et partout adoptée.

Jenner se vit alors l'objet des plus hautes faveurs et des plus flatteuses distinctions; la popularité, qu'il ne cherchait pas, s'en vint le trouver dans sa modeste retraite.

— Le Parlement lui décerna une récompense nationale de 10,000 liv. sterling (250,000 fr.); les médailles, les brevets, les couronnes lui étaient envoyés de toute part; le monde savant et lettré correspondait avec lui de tous les points du globe.

Jenner mourut dans sa ville natale, le 26 janvier 1823.

La pratique de la vaccine est décidément passée dans nos mœurs, quoiqu'elle ait encore des adversaires. Dans certains pays la vaccination des enfants nouveau - nés est prescrite impérieusement, et dans l'armée on vaccine les jeunes soldats qui arrivent au régiment. Une des raisons qui fournissent toujours un aliment aux discussions relatives à l'efficacité de la vaccine, c'est que, après un certain temps, cette efficacité disparaît. Les personnes qui, vaccinées dans leur enfance, ont néanmoins été atteintes de variole dans leur âge mûr, de manière même à rester cruellement défigurées, ne sont pas rares. Nous en connaissons. L'inoculation du virus vaccin doit donc être renouvelée pour être tout à fait efficace.

II.

Le Cœur et la circulation du Sang.

Le cœur est un organe musculaire creux, en forme de cône renversé, centre unique chez l'homme de la circulation du sang; il est placé dans la cavité thoracique, entre les deux poumons, en avant de la colonne vertébrale et en arrière du sternum, et enveloppé comme d'un sac de la membrane fibro-séreuse du péricarde.

Traversé longitudinalement sur ses deux faces extérieures par un sillon qui le divise en deux, il est également partagé en deux parties intérieures à peu près semblables; chacune de ces parties se subdivise elle-même en deux cavités, la cavité supérieure appelée oreillette et la cavité inférieure ou ventricule, lesquelles communiquent ensemble par une ouverture appelée en conséquence auriculo - ventriculaire droite ou gauche. Par contre, les deux parties du cœur ne correspondent pas entre elles, du moins directement, la circulation générale étant leur seul moyen de communication.

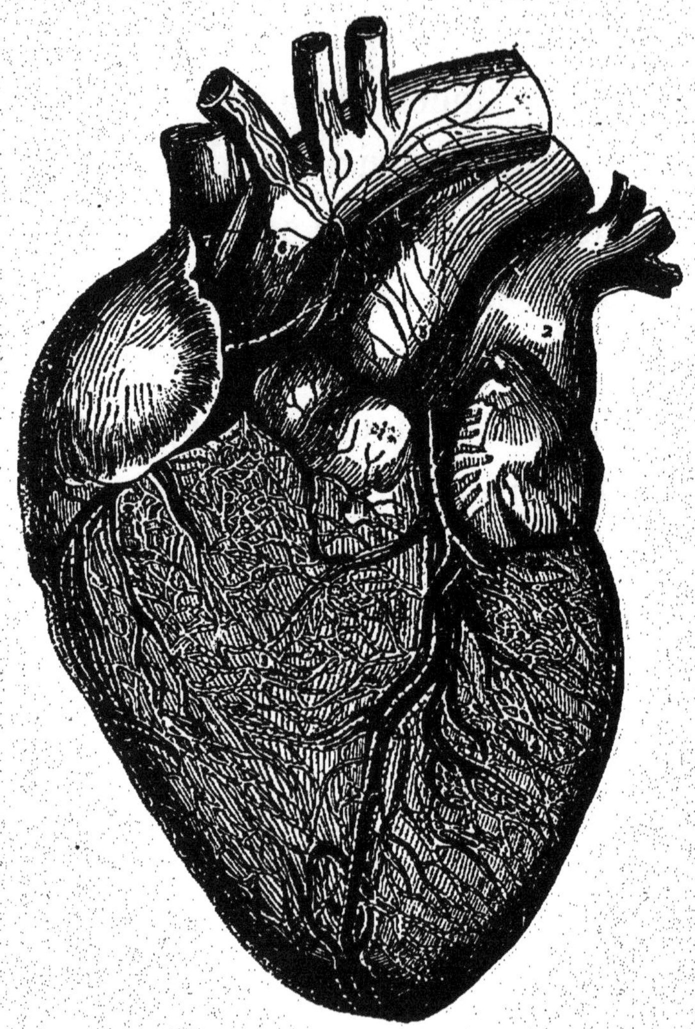

Cœur humain, vue extérieure. 1. Oreillette droite. 2. Oreillette gauche. 3. Ventricule droit. 4. Ventricule gauche. 5. Artère pulmonaire. 6. Aorte. 7. Veine cave supérieure. 8. Vaisseaux lymphatiques.

Dans la cavité auriculaire droite viennent s'aboucher les deux veines caves supérieure et inférieure, les coronaires et les cardiaques ; dans celle de l'oreillette gauche, les veines pulmonaires. L'embouchure de l'artère pulmonaire se voit dans

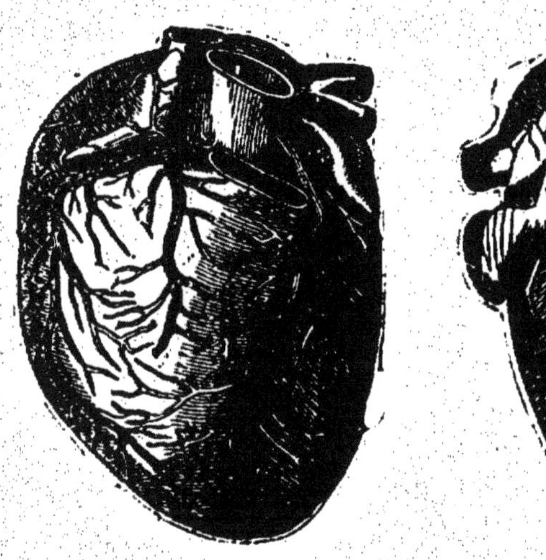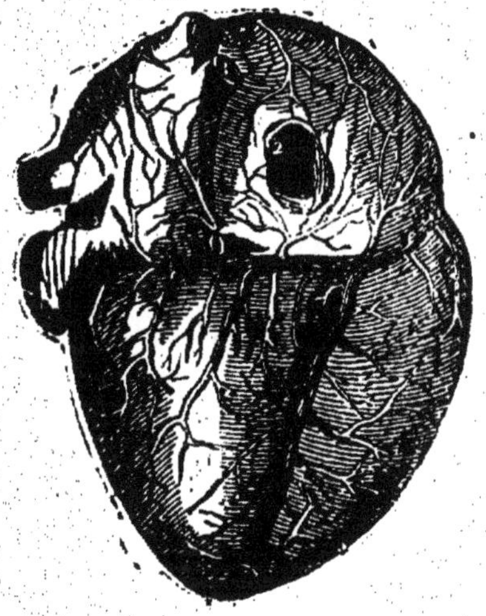

Figure à gauche : Artères coronaires ou cardiaques. 1. Aorte. 2. Artère coronaire droite. 3. Artère coronaire gauche. — *Figure à droite :* Terminaison de l'artère coronaire droite. 1. Tronc de la coronaire droite. 2. Embouchure de la veine cave inférieure. 3, 3, 3, 3. Embouchures des veines pulmonaires.

le ventricule droit, près de l'orifice auriculo-ventriculaire ; celle de l'artère aorte, au même point du ventricule gauche.

Ceci bien compris, nous allons expliquer à grands traits le phénomène de la circulation du sang. On distingue dans la circulation générale, disons-le tout de suite, la grande circulation, qui a pour point de départ le ventricule gauche, s'étend à tout le système et se termine à l'oreillette droite ; et la petite circulation ou circulation pulmonaire, qui, complétant la première, part du ventricule droit, parcourt le poumon et revient à l'oreillette gauche. On distingue encore la circulation capillaire; mais cette distinction a moins d'importance, la circulation capillaire s'accomplissant en même temps que les autres.

Voici donc comment s'accomplit ce grand phénomène : Le sang artériel qui emplit les cavités gauches du cœur est projeté par les contractions du ventricule de ce côté dans l'aorte; il est alors d'un rouge éclatant et chargé de principes nutritifs. Après avoir parcouru avec rapidité tout le système artériel, il s'engage dans les vaisseaux capillaires, intermédiaires entre les artères et les veines, y distribue la vie à tous les organes, fournit les matériaux nécessaires aux exhalations et aux sécrétions, et se charge

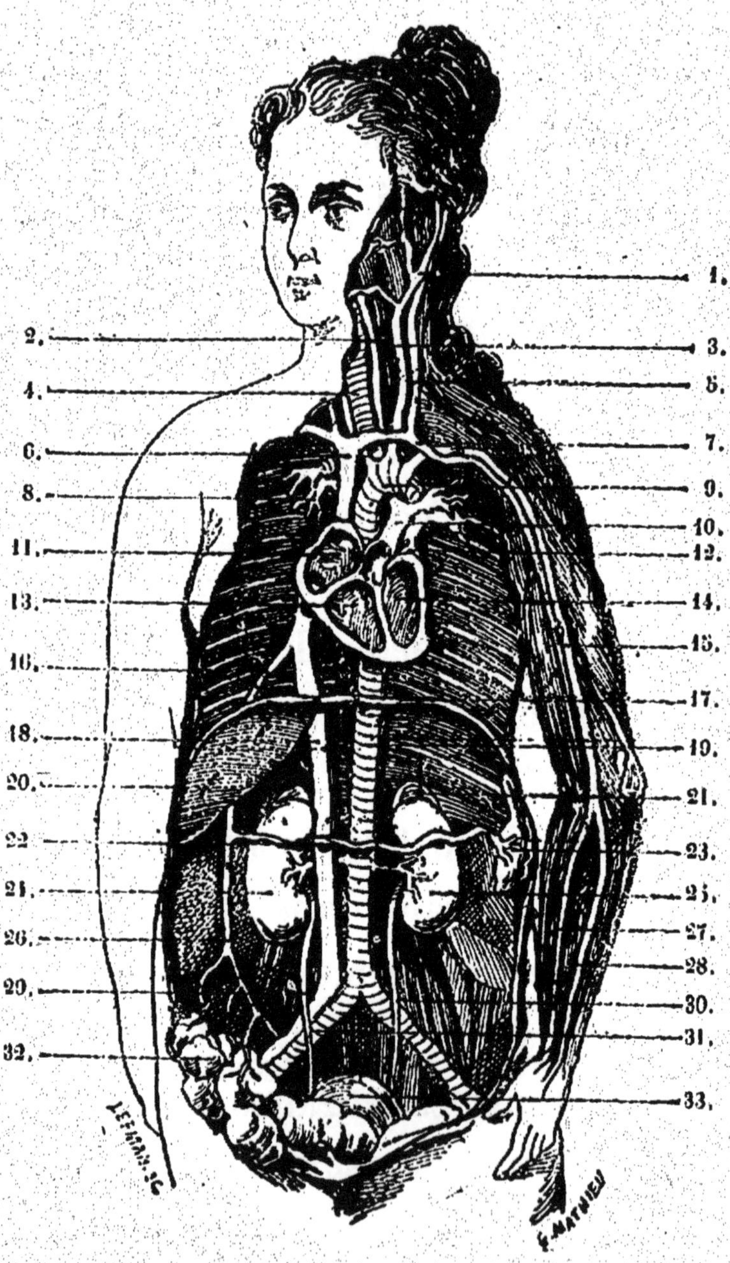
1.
2.
3.
4.
5.
6.
7.
8.
9.
10.
11.
12.
13.
14.
15.
16.
17.
18.
19.
20.
21.
22.
23.
24.
25.
26.
27.
28.
29.
30.
31.
32.
33.
LEMAN SC
E. MATHIEU

des humeurs excrémentitielles dont le débarrasseront diverses glandes auxquelles nous n'avons point affaire ici. Les vaisseaux capillaires transmettent alors aux veines ce sang dépouillé de ses qualités vivifiantes et devenu presque noir. Dans cet état, il arrive dans les veines caves qui le portent, après qu'il a reçu la lymphe et le chyle insuffisamment réparateur, dans l'oreillette droite. Telle est la *grande circulation*.

Organes de la circulation du sang à l'état normal (fig. p. ci-contre). 1. Artères carotide et faciale. 2. OEsophage. 3. Artère carotide primitive. 4. Trachée. 5. Veine jugulaire. 6. Veine cave supérieure. 7. Veine sous-clavière. 8. Artère pulmonaire. 9. Grosse de l'aorte. 10. Artère pulmonaire. 11. Oreillette droite. 12. Oreillette gauche. 13. Ventricule droit. 14. Ventricule gauche. 15. Artère humérale. 16. Veine sushépatique. 17. Diaphragme. 18. Veine cave inférieure. 19. Aorte abdominale. 20. Foie. 21. Capsule surénale. 22. Veine splénique. 23. Rate. 24. Rein droit. 25. Rein gauche. 26. Veines intestinales. 27. Artère radiale. 28. Artère cubitale. 29. Uretère droit. 30. Uretère gauche. 31. Artère fémorale. 32. Intestins. 33. Vessie.

De l'oreillette, le sang passe alors dans le ventricule droit, dont la contraction le projette par l'artère pulmonaire dans le système capillaire des poumons où l'acte de la respiration lui rend l'oxygène qu'il a perdu dans la circulation précédente, ainsi que sa belle couleur vermeille. C'est ainsi revivifié qu'il revient au cœur par la veine pulmonaire aboutissant à l'oreillette gauche. Ainsi se trouve effectuée la *petite circulation*.

Maintenant l'oreillette gauche, on l'a compris, transmet au ventricule du même côté le sang revivifié qu'elle vient de recevoir de la veine pulmonaire ; le ventricule se contracte, projette ce sang dans l'artère aorte, et la circulation continue ainsi sans interruption : l'interruption, c'est la mort.

La découverte de la circulation du sang est attribuée à William Harvey, médecin anglais, et très-justement, quoiqu'il eût profité des travaux d'une longue suite de prédécesseurs, depuis Hérophile de Chalcédoine et Erasistrate de Céos jusqu'à Fabrizio d'Aquapendente, son maître, en passant par Michel Servet, qui constata et décrivit la circulation pulmonaire ou *petite circulation*. Les recherches des physiologistes avaient, en somme, amené la question à ce point que les éléments les plus importants en étaient pour ainsi dire placés sous la main de l'esprit supérieur qui devait la résoudre. Mais elle n'était pas résolue, tant s'en faut; si le phénomène était en partie indiqué, c'était théoriquement, sans la sanction nécessaire des preuves expérimentales. Harvey fournit ces preuves.

William Harvey, fils d'un riche négociant anglais, naquit à Folkestone le 2 avril 1578 et mourut à Londres le 3 juin 1658. Il étudia pendant cinq ans à la célèbre université de Padoue, sous Fabrizio d'Aquapendente, et y fut reçu docteur en 1602. Après avoir visité les universités de France et d'Allemagne, Harvey revint en Angleterre en 1604, reçut le grade de docteur de l'université de Cambridge et alla s'établir à Londres, où il obtint bientôt une grande renommée, devint membre du collége des médecins et, en 1613, régent de l'hôpital Saint-Barthélemy, où il occupait la chaire d'anatomie et celle de chirurgie. C'est dans ses cours que Harvey développait devant ses élèves le fruit de ses études sur la circulation du sang, à laquelle il s'était attaché sous l'inspiration de Fabrizio, qui lui-même avait signalé dès 1600 l'existence des valvules. Enfin, après de nombreuses expériences, il se décida à publier sa découverte, dans son

livre intitulé : *Exercitatio anato-
mica de motu cordis et sanguinis,*
qui ne parut qu'en 1628, à Francfort.

Il serait puéril de dire que ce livre
de Harvey, qui contenait en fait
une réfutation si catégorique des
préjugés d'école les plus solidement
établis, souleva des orages : c'est
dans l'ordre ordinaire des choses.
Les Facultés les plus célèbres,
Montpellier et Paris notamment,
protestèrent avec fureur. Bref,
Harvey avait trop évidemment raison pour que ses adversaires ne
fussent pas promptement réduits
au silence. C'est ce qui arriva, et
l'illustre physiologiste vit les hon-
neurs pleuvoir sur lui avec la satis-

faction qu'on éprouve à savoir qu'ils sont mérités. Il ne quitta toutefois l'enseignement que pour mourir : il n'y avait pas un an qu'il s'était retiré lorsqu'il mourut, âgé de quatre-vingts ans ; il était aveugle depuis plusieurs mois, infirmité qui, vraisemblablement, hâta sa fin.

Il reste encore beaucoup à apprendre sur le phénomène de la circulation du sang; la théorie de Harvey laisse encore beaucoup de choses inexpliquées qui font l'objet des études de physiologistes éminents; mais jusqu'ici, il n'y a que des inductions dont nous ne pouvons tirer aucun parti utile.

TABLE.

———

FIN DE LA TABLE.

Rouen. — Imp. MÉGARD et Cᵉ, rue Saint-Hilaire, 136.